JN017741

# 年収300万円で
# 心の大富豪

サバンナ
八木真澄
MASUMI YAGI

KADOKAWA

# はじめに

２０２４年２月、

日経平均が最高値を更新しました。

バブルを超えたことになりますが、

みなさんのまわりに、景気のいい人はいるでしょうか？

正直、僕のまわりには、ほとんどいません。

首都圏の不動産も、とんでもない値段になっています。

五反田のワンルームマンションの値段が７０００万円。

74平米だと１億５０００万円。

いったい、どんな人が買うのでしょうか？

日経平均と実体経済が乖離しているのです。

給与水準は30年も上がってないのに、

物価は上がる一方です。
立ち食いそばでトッピングしたら
７００円を超えたりします。
思わず「座らせてくれよ！」と叫びそうになります。

今、外国人観光客がめちゃめちゃ増えています。
先日、浴衣を着る健康ランドのような温泉に行ったら、
天ぷらうどんが１５００円でした。
あまりに高すぎるので、
我が家は「一杯のかけそば」みたいな感じで、
うどんを一つしか頼みませんでしたが、
外国人観光客は１人１杯を普通に食べていました。
１ドル１５０円とはこういうことです。
彼らにとっては10ドルでしかないのです。

円高に振るためには、
日本は金利を上げなければなりません。
ですが、金利を上げたら、
9割の人が変動金利で組んでいる
住宅ローンはどうなるのか。
さらに、金利を上げると、
金利が低い国債は魅力がなくなり、
多量に保有している国債は値段が下がってしまいます。
出口が見つからないのです。
「ゼロ金利」の後ろは崖だったのです。

では、僕たちはどうすればいいのか。
お金の「考え方」「使い方」を変えていくしかないのです。

若手芸人は、お金がなくても、うまくやっています。
お金がなくても、なんとかなるのです。
たとえ年収が３００万円でも、満たされる方法はあるのです。

本書では、お笑い芸人、
そしてファイナンシャルプランナー（ＦＰ）でもある僕が、
日頃から実践している、
お金の「考え方」「使い方」を75個紹介しています。
ぜひ参考にしていただき、
何か一つでも、みなさんのお役に立てば幸いです。

CONTENTS



## 第1章 心の持ちよう

## 第2章 視点を変える

## 第3章 八木流節約術

## 第4章 FPとしてのアドバイス

## 第5章 心の大富豪

# 第1章 心の持ちよう

KOKORONO
DAIFUGOU

TIPS

# 001

# お金持ちは果たして幸せなのか

僕のまわりには、
売れている芸人、
売れていない芸人がいます。
当然、売れているとお金が入り、
売れてないとお金は入りません。
でも、「お金がある」と「幸せ」は
比例しない気がします。
僕自身も、稼げていない時代が不幸せで、
稼げてからが幸せかといわれれば
そんなことはないです。
お金はあくまで、対価を得る手段だからです。
お金だけで、何かできるわけではありません。
交換して初めて何かができるのです。

物だけで考えれば、20年前と比べると、
どんな富豪よりも
今の自分たちの方が裕福といえます。
僕たちは、Ｇｏｏｇｌｅ Ｅａｒｔｈで
世界中のどこにでもアクセスできるし、
サブスクで映画をたくさん見ることもできるからです。

お金持ちが満たされる
一番のポイントは、人と比べることです。
人と比べることで、満足感を得るのです。
ただ、比べれば比べるほど、上には上がいます。
ビル・ゲイツやイーロン・マスクなどからすれば、
どんな金持ちも貧乏な人も一緒に見えるでしょう。
心を裕福にするには、

人と比べないことが大切です。
自分には今、何が必要なのか。
それにはお金がいくらかかるのか。
学生時代にアルバイトをして、
欲しい物を買う感覚に近いかもしれません。

また、たとえば、自分の家族は、
お金をいくらもらってもゆずることはできません。
１００兆円をもらっても無理ですよね。
そう考えると、１００兆円以上に価値のあるものを
すでに持っているのです。
お金は手段です。
視力が悪い人にはメガネが必要です。
悪くなければ必要ありません。

家が遠い人が終電を逃せば、
タクシーを使います。
近い人は歩いて帰れます。
人によって必要なお金の量は違うのです。
人と比べず、
自分に必要なお金の量を知り、
その量以上に得ることができれば、
裕福なのです。
まずは、必要な量を知りましょう。

KOKORONO DAIFUGOU

TIPS

# 002

# 見栄を張らない生活

見栄を張ると、
お金はどこまででも出ていきます。

腕時計、１００円均一にも売っています。
しっかり時間を教えてくれます。
何なら、スマホを持っていれば、
腕時計自体が必要なかったりします。
ロレックスなら１００万円。
１０００万円する腕時計もあります。
１００円の腕時計と
１０００万円の腕時計、
教えてくれる時間は一緒です。
むしろ、１０００万円の腕時計、
イメージですが時間が見づらそうです。

車、カッコいいボディでも、
中に乗ってしまえばほぼ一緒です。
新しいモデルと古いモデル、
どれぐらい機能が違うのでしょうか。
さらに旧車になると、
価値が上がったりします。
機能だけで価値を考えると
ワケがわかりません。

ブランドバッグ、何十万円もします。
海外で、本物そっくりの
コピー商品があったりします。
鑑定士は、ロゴが対称になっていないなど、細かな部分で見分けます。
本物と偽物、
機能はどう違うのでしょうか。
物はどちらも入れられます。
もちろん、コピー商品は違法なのでダメですが。
要するに、価値が機能だけでは
決まらないということです。

中古車に乗って、
100円均一の腕時計をして、
エコバッグで買い物をしている人。
ベンツに乗って、
ロレックスの腕時計をして、
ヴィトンのバッグで買い物をしている人。

行動・機能だけを見ると
全く同じになります。

あとは、優越感の問題です。
この優越感というものに、
お金がかかるのです。
しかも、その優越感は、
さらに高い車、腕時計、バッグを
持っている人を見たときに、
劣等感にかわるのです。
見栄、優越感、劣等感をなくし、
機能だけを見ると、
お金をかけずに、
行動できるようになるのです。

KOKORONO DAIFUGOU

TIPS 003

# サブスクができた時点で人間平等

Netflix、
Amazonプライムなど、
サブスクができた時点で、
世の中の娯楽はもう、
お金では決まらなくなったと思います。
どんなお金持ちでも、
お金をそんなに持っていない人でも、
サブスクに入ることさえできたら、
同じ量の映画やドラマが見放題ですもんね。
あまりに莫大な量すぎて、
全部を見るのは無理ですもんね。
要するに、自分が見たい分だけ見られる。

ご飯でいうと、

バイキングと一緒です。
あとは、
自分が感動できる作品、
面白いと思える作品に
出会えるかどうかだけ。
いろんな娯楽がありますが、
サブスクはかなりの要素を
占めると思います。
ランニングとサブスク。
これが一番、
お金がかからない
パターンでしょうね。

KOKORONO DAIFUGOU

TIPS 004

# タブレットがあれば2LDKで充分

僕が中学生だったころと今では、
生活様式がかなり変化しました。
当時の部屋には、勉強机、テレビ、
コンポ、ゲーム、ビデオ、ＣＤ、
漫画、雑誌、本、文房具、アルバム、
これらの物を置く感じだったと思います。

でも今は、タブレット一つあれば、
だいたいのことができてしまいます。
ベッドとタブレットがあれば充分です。
勉強は、リビングでイヤホンをすれば
できますもんね。
むしろ、リビングの方が安心して
勉強できるともいわれています。

僕も中学受験をしたとき、
リビングで勉強をしはじめたら
なぜか集中でき、
希望する中学に
受かることができました。

子供部屋は4畳あれば充分です。
いや、2畳でいいかもしれません。
僕がもし自由に設計できるなら、
子供部屋2畳、
夫婦もそれぞれ2畳、
家族4人で8畳、
そしてできるだけ
リビングを大きくしたいです。

そう考えると、ファミリーにとって
必要な平米数が見えてきます。
仮にリビング15畳、
部屋4つで8畳とすると23畳。
1畳を1・62平米とすると、
37・26平米。
お風呂、トイレ、洗濯機、
ベランダ、廊下などを入れて、
55平米。

いわゆる2LDKの部屋に
家族4人で、子供部屋ありで
住めることになります。

寝る直前までリビングにいて、
寝るときは部屋で寝る。
僕がリノベーションするなら、
こんな間取りにすると思います。

タブレットの存在が
生活様式を変えたと思います。
今のタブレットで育った世代が
家を建てるときには、
このような間取りが
流行(はや)ると予想します。

KOKORONO DAIFUGOU

TIPS 005

# 上司にムカついたら会社の株を買う

上司に怒られ、
モヤモヤすることがあると思います。
上司のいうことには逆らえません。
上司は、さらに上司のいうことに逆らえません。

係長
課長
部長
本部長
執行役員
常務
専務
社長
会長

こんな組織図ではないでしょうか。
でも、経営陣は、
株主総会に出なければなりません。
上場企業の場合は、
株主が経営陣に意見をいえるのです。
実際に意見はいわずとも、
株を買うことにより、
気分は優位に立てます。
私は株主なんだと。
モヤモヤしたときは、
株を買いましょう。
ただし、上場していないと
無理なのですが。

KOKORONO DAIFUGOU

TIPS

# 006

# 3倍は悔しいけど 6倍は悔しくない

僕の相方・高橋茂雄を
テレビでよく見かけると思います。
僕のことは
稀に見かけるぐらいだと思います。
デビューしてから10年ぐらいは、
収入はほとんど同じでした。
30歳ぐらいから、
相方だけがテレビに呼ばれるようになり、
僕は、その日休み。
そのあたりから収入格差が広がっていきました。
感覚としては、3倍ぐらいに開いてきました。
このあたりは正直、羨ましかったです。
隣にいる相方が、自分の3倍も稼ぐのです。
さらに相方はMCなどもやりだし、

体感で6倍ぐらいの差がつきました。
このあたりから羨ましくなくなりました。
人は人、自分は自分
と思えるようになったのです。

若いころの同窓会で、
同級生の稼ぎを羨ましい
と思ったことはないでしょうか？
ただ、それが30年ぶりの同窓会なら、
もう、人は人、となると思います。
近い人だから、羨ましいのです。
近くても、人は人、自分は自分、
と思えば悔しくなりません。
イーロン・マスクのことを

羨ましいと思うでしょうか?
遠すぎて気にならないですよね。
この感覚を持つとラクになります。

お金を持っていても、
それぞれの事情があることが、
年齢とともに少しわかってきました。
昔の自分と今の自分、
お金でいうと今の方が持っている。
だからって昔より
今が楽しいかといわれれば、
そうではないですもんね。
今は今で楽しいんですが。

使うお金も貯金と比例しません。
お金がない昔の方が、
高い服とかを買っていました。
今、高い服、買わないですもんね。
人は人、自分は自分。
これが体に染み付くと、
だいぶラクになりますよ。

KOKORONO
DAIFUGOU

TIPS
# 007

# 最高の立地は自分が決める

立地がいいか悪いか、
結局それは、自分次第です。
僕の家は、自分が行く公園と
銭湯から近い。
そういう理由で選んでいます。
僕にとっては最高の立地なのです。

一般的な立地のよさとは違います。
自分の生活を知っているのは
自分だけなのです。

人の数だけ生活スタイルがあります。
自分にとって立地がいいかどうか。
物件はこの基準でしっかり選びましょう。

KOKORONO DAIFUGOU

TIPS 008

# 朝から
# ハワイアンミュージック

朝、いつも忙しいですね。
休みの日の朝くらいは、
ゆっくりしたいですよね。
そんなときは、
ハワイアンミュージックがオススメです。
Ｓｐｏｔｉｆｙで無料で聴けます。
ウクレレが心地いいです。
ハワイアンミュージックを聴きながら、
朝食を食べます。
イメージは、ホテルの朝食バイキングです。
ハワイのホテルに泊まり、朝のバイキング。
それをイメージしながら、
目玉焼きを食べます。
食後はコーヒーです。

ハワイのコナ地区で採れる、
コナコーヒー。
コナコーヒーを飲みながら
ハワイアンミュージックを聴く。
目を閉じれば、
そこはもうハワイです。
週に一回、
ハワイ気分が味わえると最高ですよ。

KOKORONO DAIFUGOU

TIPS 009

# 空気を読めない人に付き合う必要はない

空気を読めない人が、
なんでこんなセッティングをするのかな、
という場面があります。
飲み会をしようといい出した人が、
自分が経営しているお店で勝手に開催し、
支払いはきっちり割り勘。
そんなこともありました。
そういう人って、います。
前までは、まぁ、いっか、
と思って行っていましたが、
今はもう、行かなくてもいいと決めました。
空気を読めない人に対しては、
こちらも空気を読まずに断る。
シビアですが、大切なことだと思います。

KOKORONO
DAIFUGOU

TIPS
# 010

# 天井のないものにハマる

たとえば、筋力トレーニングには
天井がありません。
お金さえきちんと払っていれば、
何回ジムに行ってもいいですもんね。
ランニングもそうです。
走れば走るほど、
走れる距離が伸びます。

絵を描くことにも終わりはありません。
ぼくは「未確認生物」という
自ら考えた生物を描いています。
お金があまりかからず、
天井がないものにハマるといいですよ。

KOKORONO DAIFUGOU

TIPS 011

# 銀座で菓子パン

ファーストフードで、
隣に座った人たちの声が聞こえてきました。
銀座はご飯屋さんが高くて食べられないから、
菓子パンを買っている、と。
銀座勤務なんでしょうね。
ランチで１０００円超えますもんね。
自作弁当ならば、
安くてかなりいいものが作れます。
チャーハン弁当。
卵焼き＆海苔弁当。
白ご飯とネギ炒めとカップヌードル。
安くても魅力的なメニューができます。
弁当。幸福度を得るには
かなり大切だと思います。

KOKORONO DAIFUGOU

TIPS 012

# 小さな幸せを袋につめていく

小さな幸せを袋につめていきましょう。
幸せは、一日中、
ずっと感じることができます。

お風呂に入ったあとの水シャワー。
歩きながら聴く好きな曲。
毎日の美味しい食事。

全部、幸せなことですね。
こんな幸せをつめ込んでいきます。
小さな幸せは、
自分で見つけて袋に入れていくものです。
袋をパンパンにしたいですね。

KOKORONO DAIFUGOU

TIPS 013

# 宝くじは3枚だけ買い元をとる

子供のころ、ジャンボ宝くじの1等は
前後賞を合わせて9000万円だった記憶があります。
今は、前後賞を合わせて10億円。
とんでもない額になっています。
確率でいうと約2000万分の1。
あまりよくないたとえですが、
雷に打たれる確率が約70万~100万分の1らしいので、
すごい確率です。
東京の人口が約1400万人。
全員が買っても
1人も当たらないかもしれません。

そう考えると、もう、
狙うより楽しむ方がよさそうですね。

３枚だけ買い、当たったらどうしよう

と、想像しましょう。

家を買って、

車を買って、

別荘を買って、

腕時計、バッグ、ハワイ旅行……

想像しまくります。

想像の楽しさで９００円の元をとります。

３００円の元をとるには

かなり想像しないといけませんが、

３枚、９００円なら

元がとれそうに思いませんか？

KOKORONO DAIFUGOU

TIPS 014

# 高いゾーンに入るとずっと高い

高いホテルは、部屋代だけではなく、
レストランの値段も高いですよね。
安いホテルは、
自販機で売っているものまで安いです。
そして安い居酒屋が近所にあったりします。
これ、家にもいえます。
自分がどのゾーンで生きていくか。
見栄を張らずに、
自分に適応したゾーンで生きていく。
この「適応ゾーン」に入れるかどうかが大切です。
無理して、上のゾーンに入り込むと
しんどくなります。
適応ゾーンに入ることが、
自然に生きるコツだと僕は考えます。

KOKORONO DAIFUGOU

TIPS 015

# 一生使う

つい、物をいっぱい買ってしまいます。
果たして、本当に、
必要なのだろうか。
大切に使えば、
一生使えるものもありそうです。
そう考えれば、買う物は、
どんどん減っていきます。
そうすれば、資産的なマイナスも、
どんどん減っていきます。
一生使うには、
大切に扱わなければなりません。
物を大切に使う。
この基本を大切にしたいですね。

# 第2章 視点を変える

KOKORONO DAIFUGOU

TIPS

# 016

# 同じ服4回着れば相手は諦める

「お前、いっつも同じ服を着ているな」
よくいわれる言葉です。
そのとおり、僕はほとんど同じ服を着ています。
もちろん、しっかり洗っています。
同じ服を数枚持っているのです。
それを洗って着て、を繰り返しています。
たまにテレビに出してもらうときは、
スタイリストさんが衣装を用意してくださいます。
私服でロケなどの場合には、
奥さんに選んでもらったりします。
漫才はスーツでやります。
それ以外は、同じ服を着ています。

毎日同じ服を着ると、

選ぶ時間が必要なくなります。
服が好きな人は、
きっと選ぶのが楽しいんだと思います。
ただ、服に興味がない僕は、
服を選ぶのが面倒に感じるのです。

同じ服を着ていると、
会う人に「またこの服か」と思われます。
3回目までは、「どんだけ同じ服なんだよ」となります。
ただ、4回目からは、
「こいつはずっとこの服なんだな」と認識されます。
同じ服を4回以上着ると、
もうそれは自分の制服になるのです。
同じ服は、着続けたもん勝ちです。

KOKORONO DAIFUGOU

TIPS 017

# 妬むのではなく公園で感謝する

自分より稼いでいる人を見ると、
つい羨ましくなってしまいますよね。
学生時代の友達と久々に同窓会で会ったとき、
今、どれぐらい稼いでいるかをいいあった経験、
ある人も多いのではないでしょうか？

僕は、芸人という職業柄、
後輩がテレビに出て活躍していると
羨ましくなってしまいます。
相方は僕より稼いでいるし、
「ザ☆健康ボーイズ」という
ユニットを組んでいる
なかやまきんに君も
フリーになり大活躍中です。

（今は僕とレイザーラモンHGで「ネオ☆健康ボーイズ」を組んで営業を
回っています）
ジムに行けばテレビがついていて、
いやがおうでも
売れている芸人を見てしまいます。
大阪で同じ番組に出ていた千鳥、
初々しかった霜降り明星も、
僕からすれば遠い人です。

では、どうやって心の整理をつけるか。
それは税金です。
日本は累進課税なので、僕らのような個人事業主で
4000万円以上の収入があると、
45％の所得税がかかります。

さらに住民税、消費税がかかります。
1億円を稼いだら、60％は税金です。
売れている芸人は、
高額納税をしてくれているのです。

公園に置き換えます。
公園が整備されているのは、
トイレに紙まであるのは、
売れている芸人が納めた税金のおかげです。
治安を守ってくれる
警察官、消防士、自衛隊の給与も税金。
子供が学校に行けるのも税金のおかげです。
休みの日に僕が
公園でハトを眺めている間にも、

売れている芸人は
必死に働いてくれているのです。
そう考えることにより、
売れている芸人を素直に賞賛し、
感謝できるようになりました。

日本に累進課税がある限り、
千鳥、かまいたち、
霜降り明星らのことを
素直に賞賛、尊敬、感謝
することができます。
みなさんも、自分より稼いでいて
羨ましく感じる人がいたら、
ぜひそう見てください。

KOKORONO
DAIFUGOU

# TIPS 018

# 人生はどう下るか

20代で社会人になり、
30代で仕事を覚えて、
40代で責任が生まれ、
50代で一旦退職。
こういう流れのサラリーマンの方は、
多いのではないでしょうか。
55歳で一旦退職金をもらい、
再雇用で70％ぐらいの収入になる。
会社やポジションにより個人差はありますが、
自分のために力をバリバリ発揮できるのは、
30歳から45歳ぐらいなのではないでしょうか。
45歳ぐらいから、バリバリ働くラインに乗っていない人は、
自分のやりがいよりも、家族のために働くようになる。

僕もそうです。
19歳で芸人になり、
34歳で東京に進出し、
37歳ぐらいまではたくさんテレビに
出させてもらっていましたが、
50歳の今は、たまにテレビで見かける人、
だと思います。
一見寂しいように感じますが、
僕の中では想定内です。
55歳は、たまにも見かけなくなると想定しています。
大切なのは、想定をしておく、ということです。
いいときに、これが続くと思わないことです。

人はみな、年齢を平等に重ねます。

誰しもが70歳、80歳は、
生きてさえいればＯＫ、となるのです。
登山と同じで、登りと下りがある。
下りがあることをわかっていれば、
下りも楽しめるのです。
ただ、それがわかってないと、
下りで足を踏み外して転げ落ちたり、
怪我をしたりするのです。
自分という山の頂上を見極め、
受け入れてゆっくり丁寧に下る。
登りより下りの方が大切です。
景色を楽しむのも下りです。
ゆっくり景色を見ながら下ろうと思います。

KOKORONO DAIFUGOU

TIPS 019

# お金が必要なのは人間だけ。一番弱い

生物界で、
お金を持っているのは人間だけです。
魚も動物もお金を持っていません。
でも、しっかり生きています。
お金だけでなく、
服も冷蔵庫も持っていません。
お金を持たず、
服も、冷蔵庫もない状態で、
人間は果たして生きていけるのか。
昔の人間なら
生きていけたかもしれません。
便利になるということは、
弱くなることでもあります。
お金があれば便利だが、

でも弱くなる。

移動で考えてみても、
お金があれば車やタクシーを使いますが、
なければ歩かないといけません。
魚や動物は、火も使いません。
食べ物を炒めたり、煮たりもしません。
生で食べます。
ある意味、人間が一番弱い。
お金を持つ人間が、
生物界のサバイバル的に見たら
一番弱いのかもしれないのです。

KOKORONO
DAIFUGOU

TIPS
# 020

# 日本に住んでいるのはラッキー

日本に住んでいると、
次の状況を当たり前に思ってしまいます。

病院に行ったら3割負担。
救急車を呼んでも無料。
蛇口をひねれば水が出てくる。
田舎に行っても、山に行っても、
道はアスファルトで舗装され、
ガードレールが
設置されている。

これがどれだけ恵まれていることか。
そう考えると、日々の生活を送るうえで、
まず、感謝から入らないといけないと感じます。

戦後、日本はＧＤＰが世界2位になりました。
すごいことですよね。
この小さな国土面積で2位ですもんね。
今は4位ですが、それでもすごいことです。
学校も中学までは
義務教育として受けられます。

そう考えると、
日本に住んでいるだけで、
かなり幸福なことがわかります。
当たり前を当たり前と思わず、
日々感謝を重ねることで、
幸福度もアップするように感じます。

KOKORONO
DAIFUGOU

TIPS

021

# お金の気持ちになる

株、債権、為替、
このあたりの関係は、
お金の気持ちになれば
わかってきます。

株の利回りが５％、
国債の利回りが１％なら、
お金の気持ちとしては、
お得な株の方に
行きたくなりますよね。

これが、株が５％のままで、
国債が３％に上がったら
どうでしょう。

それならば、国債の方に
お金は移動したくなりますね。

すると株価は下がります。

要するに、
金利が上がれば株価は下がるのです。
逆に、
金利が下がれば株価は上がります。

日本とアメリカに金利差があり、
金利が高いドルにお金は流れます。
お金の気持ちになると
わかりやすいです。

KOKORONO DAIFUGOU

TIPS 022

# お金は歳をとらない

人はみな、平等に歳をとります。
前述しましたが、
一番力を発揮できるのは、
30歳から45歳ぐらいまでではないでしょうか。
もちろん、ジャンルや個人差はありますが、
年齢をある程度重ねるとどうしても、
30代とバリバリ競うのは難しくなります。
そんな年齢になったときにこそ、
お金が助けてくれるのです。
お金は歳をとりません。
年齢に関係なく、
同じ利回りを提供してくれます。
働ける内に働いて、将来に向けて資産形成しておく。
とても大切なことだと思います。

KOKORONO DAIFUGOU

TIPS

# 023

# 出張は旅行

家族旅行となると、
行けて年に1、2回ではないでしょうか。
家族単位で動くと、
びっくりするぐらい
お金がかかります。
ご飯を食べようと4人でお店に入ると
最低でも3000円はかかります。
これが毎食です。
そして、交通費、入場料、
ホテル代、お土産……
お金が湯水のように出ていきます。
さらに、荷物持ち、場所取り、順番待ちなど、
体力的にもクタクタになってしまい、
ゆっくり旅行というわけにはいきません。

自分にご褒美を与える旅行にするなら、
出張の前乗りか、
後残りがオススメです。
出張なので、交通費は会社から出ます。
あとは、個人でホテルをとるだけです。
多少、お金はかかりますが、
旅行と考えると安いです。

一泊3000円のホテルに泊まり、
近くの銭湯に行き、
家から持ってきたウイスキーに、
テイクアウトした品で部屋飲みします。
5000円で充分に

旅行気分を味わえるのです。

お金に余裕があれば、
居酒屋に飲みに行くのもいいですね。
朝、散歩するのもいいですね。
知らない場所を散歩するのは楽しいです。

前乗りなら、その後に仕事に行く。
後残りなら、そのまま帰る。
出張は旅行のチャンスです。

KOKORONO
DAIFUGOU

# TIPS 024

# 相対的ではなく絶対的な幸福を

幸福感を求めるときに、
人と比べる相対的な価値観だと、
どうしても幸せになれないように思います。
上には上がいるし、
人は年齢とともにいつかは必ず衰えるからです。
幸せを感じるために、
誰かとの比較ではなく、
自分自身を省みて、改善する。
これができたら、達成感はすごくあると思います。
その幸福感は絶対的だからです。
人と比べるのではなく、昨日の自分と比べる。
これが大切だと思います。
自分自身を改善する中で、
絶対的な幸福感を高めましょう。

KOKORONO DAIFUGOU

TIPS

# 025

# 金持ち自慢をする人には奢ってもらう

自慢話。
話す方は心地いいのですが、
聞く方はなかなかしんどいですね。
金持ちの自慢話が続いた場合は、
乗ってあげて、乗ってあげて、最後に
「奢(おご)ってくださいよ〜」といいましょう。
そこで、話が止まる場合は、
結局は金持ちではなく、ケチなんだと認定します。
それで、金持ち自慢はストップします。
そこで奢ってくれる人は、本当に金持ちで、
こちらも気持ちがいいので、
どんどん、聞きましょう。
金持ち自慢を聞くときは、奢ってもらう。
これ、鉄則だと思います。

KOKORONO DAIFUGOU

TIPS

# 026

# 京都に行ったらラーメンかパン

京都。
古都であり、世界的に人気の観光スポットです。
僕は、京都出身で、
幼少期から学生時代まで、
京都で過ごしました。
ちなみに湯葉は、
数回しか食べたことがありません。
僕の友達もそうです。
湯豆腐もそんなに頻繁には食べません。
たぶん、京都でも、
一部の上品な方たちが食べているのだと思います。

僕のまわりで人気なのはラーメンです。
第一旭、新福菜館、天下一品、横綱、が大人気です。

本当に京都のラーメンはレベルが高いと思います。

そして、もう一つがパンです。

志津屋というパン屋さんがあります。

この志津屋の、カルネというパンは絶品です。

ハムがはさまったシンプルなパンなのですが、

２５０円でクセになる美味しさです。

ラーメンとカルネを食べても

１２００円以内で収まります。

京都グルメは、高そうなイメージがありますが、

ラーメンとパンなら１２００円でいけますよ。

KOKORONO DAIFUGOU

TIPS 027

# ないからこそのありがたみ

お金はあるに越したことはありません。
ただ、感動や幸福感に関しては、
あるに越したことがないかといえば疑問です。
小学生のときに買ってもらったラジコン。
高校生で初めて買った革ジャン。
あの感動は、
同じ物を今買っても得られないですもんね。
水、めちゃめちゃ貴重なのに、
蛇口をひねれば出てくるので、
ありがたみを感じにくいです。
トイレで紙がなかったときのポケットティッシュ。
ものすごく価値を感じます。
ないからこそ、ありがたみを感じる。
結局は自分の心の問題なんでしょうね。

KOKORONO DAIFUGOU

TIPS

# 028

# 住めば都

これは、本当によくできた名言だと思います。
今、僕が住んでる家、めっちゃいいです。
でも、最初からそうだったわけではありません。
住んでいるうちに、
攻略法が見つかってくるんです。
今のマンションに住んで、
10年ぐらい経っています。
ということは、
四季を10回経験しています。
そうすると、
家のことがだんだんわかってきます。
まわりのお店や施設のことも。
自分自身の経験と工夫から、
都になるんですよね。

KOKORONO
DAIFUGOU

TIPS
# 029

# 貧乏になったのか

日本人が貧乏になった
といわれます。
物価が高くなったのに、
30年前と賃金がかわらない。

でも、僕たちには
スマホやタブレットがあります。
音楽、映画、ドラマなどは、
サブスクで楽しめます。
これ、めっちゃ大きなことです。
ゲームもそうですし、
服も乾きやすい素材になり、
必要な数が減りました。

繰り返しになりますが、
お金があれば幸せに直結する
というものでもありません。
お金は必要ではありますが、
幸せと比例はしないのです。

30年前に比べて
貧乏になったと考えるより、
便利になったところに
目を向ける方が
幸せだと思います。

KOKORONO DAIFUGOU

TIPS 030

# 慣れると感動が薄れる

最初、感動できたものも、
慣れると感動できなくなってしまいます。
では、どうするか。
慣れないように、普段から、
なるべくギリギリの生活を送ることです。

人間、どうしても、
楽な方に行ってしまいます。
今日も一日チャレンジャー。
お金は、ギリギリで行くから、
感動があるのです。
感動するには、
ギリギリで生活することが大切ですね。

# 第3章 八木流節約術

KOKORONO DAIFUGOU

TIPS 031

# 酔えばトリスが白州になる

僕はウイスキーの白州が大好きです。
山梨県北杜（ほくと）市にある、
サントリーの白州蒸溜所で造られています。
緑色の瓶が特徴です。
僕がウイスキーにハマり出したのは
10年ぐらい前でした。
当時は、白州７２０ミリが、
格安の酒屋ならば３１５０円で買えました。
年代物の白州12年でも５６００円ぐらい。
山崎も同様の値段で買えました。
今は白州７００ミリが７７００円。
ただし、リアル店舗では売り切れていてほぼ買えません。
ネットでは、価格幅はありますが、
だいたい１５０００円ぐらいで

取引されているのではないでしょうか。
12年なら3万円です。
ウイスキーはシングル約30ミリなので、
約23杯飲めます。
家で白州を飲む原価が1杯約650円、
Barなら約2000円ぐらいが相場ではないでしょうか。
僕には到底、手が出ません。

そこで僕は、
業務用のトリス4リットルを4000円ぐらいで買い、
白州の瓶に入れて飲んでいます。
最初はトリスの味がするんですが、
酔って2杯目ぐらいから、
白州を飲んでいる気分になるのです。

4リットルで約133杯飲めるので、
約133杯の「トリス・白州」を飲めることになります。
1杯約30円です。
白州が1杯約2000円とすると、
約133杯なら約26万6000円分飲めることになります。

僕は1カ月で4リットルトリスを空けるので、
年に4万8000円。
ただし、この「トリス・白州」のやり方であれば、
年間約319万2000円分飲めることになります。
トリスを白州の瓶に入れて、
居酒屋気分を味わうだけで
約314万4000円分お得なのです。

KOKORONO DAIFUGOU

TIPS 032

# 新幹線はひかりの自由席

大阪に家族がいて、東京で単身赴任という
生活スタイルをとっています。
仕事のときは会社から
新幹線のチケットをもらえますが、
個人的な理由で大阪に帰るときは、
もちろん自分で払います。
そのときはグリーン？　指定席？
いえいえ、迷わず自由席です。
のぞみの自由席は、1号車から3号車。
もちろん混んでいます。
では、こだまに乗るのはどうでしょう。
新大阪から東京まで4時間。
かなりお尻が痛くなってしまいます。
そこで狙い目なのが、ひかりです。

ひかりは、東京から新大阪に向かう場合、
名古屋からガラガラになります。
新大阪まで行く人は、早く着く
のぞみがバンバン来るのに、
わざわざ、ひかりに乗って、
米原で停車したり、京都で停車待ちをしたり
する必要がないからです。
目的地に早く着く必要のない人は、
ゆっくり移動してもいいですもんね。
早く着いてカフェに行くなら、
新幹線をカフェ代わりに使って
ゆっくりした方がいいと僕は思ってしまいます。
ひかりの自由席、かなり使えますよ。

KOKORONO
DAIFUGOU

TIPS
# 033

# 費用対効果の いい食材

スーパーに並んでいる、食材の値段。
需要、供給、仕入れ値……
さまざまな要素でついた値段です。
ただ、その値段は、
本当にその食材が持つ価値を
あらわすものなのでしょうか？

「その食材が手に入らなくなったときにいくらまで出せるか」

これを一つの判断基準にするのがオススメです。

僕は、卵なら一個１００円、
いや、２００円まで出せます。
それが今、十個パック２００円で買えてしまうのです。

めちゃくちゃお得です。

カレーのルー。
僕は８００円まで出せます。
たとえば１箱のルーで
カレーを８杯食べられるとしたら
１杯１００円となります。
それが今、１箱２００円で買えるわけです。

今、スーパーに貼ってある値段ではなく、
自分がその食材に出せる値段「自分値段」で考え、
それより安いとお得となります。
スーパーの食材に自分値段をつけましょう。

KOKORONO
DAIFUGOU

TIPS
034

# 年パスは子供が行きたくないというまで使う

年間パス、かなり使えます。
大阪に家族がいる僕は
ユニバーサル・スタジオ・ジャパン（ＵＳＪ）の
年パスを家族で持っています。
以前は、ひらかたパーク（ひらパー）の
年パスも持っていました。
休みの日に「何しよう」となったら、ひらパーです。
待ち時間もほとんどなく、たくさんの乗り物に乗れます。
お化け屋敷は、最初は子供たちも怖がっていたのですが、
何回も通っているうちに、
どこでどんなお化けが出るのかを覚えてしまい、
怖がらなくなりました。
「ぐるり森大冒険」という、
カードをゲットしてモンスターとバトルする

アトラクションがあるのですが、
一回５００円するところ、
20万円分、年パスでカードを集めました。
「ぐるりん」という最高のカードもゲットしました。
ひらパーにはマクドナルドがあるので、
ご飯はマクドで食べます。
必要なお金は、交通費とマクド代だけ。
ＵＳＪの場合は、一回パークの外に出て、
ご飯を食べて再入場します。
ある日、子供たちをひらパーに誘ったら、断られました。
「年パスあるから行くで」と、再度説得しても、
もう行きたくない、と。
子供が行きたくなくなるまで
年パスで通いつめるのが我が家の遊び方です。

KOKORONO DAIFUGOU

TIPS 035

# くら寿司

くら寿司(すし)に行ったら、
寿司を食べずに、
ラーメンや天丼を食べます。
ラーメンが490円。
天丼は600円。
エビが3本も入っています。
そもそも、寿司がメインなので、
その値段なのだと思います。
頼むのがはずかしい気もしますが、
タッチパネルでの注文で、
レーンに乗って直接席に届きます。
そして、セルフレジ。店員さんに会いません。
くら寿司を有効活用しましょう。

KOKORONO
DAIFUGOU

TIPS
036

# 移動を三角で考える

東京、大阪から出張する方、
結構多いのではないでしょうか。
出張が終わって、そのまま遊びたいときは、
移動を三角で考えましょう。

大阪から東京に出張します。
東京から沖縄に遊びに行きます。
沖縄から大阪に帰ります。
交通費のプラスは、片道一区間だけとなります。
大阪から東京、東京から金沢、金沢から大阪も、
一区間追加でいけますね。
普通、旅行となると往復が基本です。
それが片道だけとなるとかなりお得ですね。
移動を三角で考えると楽しいです。

KOKORONO DAIFUGOU

TIPS 037

# スーパーの半額をナメてはいけない

スーパーで、６００円のお惣菜（そうざい）が
３００円になることがありますね。
これをナメてはいけません。
６万円が３万円。
60万円が30万円。
６００万円が３００万円。
６０００万円が３０００万円。
積み重ねるとこうなります。
いきなり、
６０００万円が３０００万円には
出会えませんが、
６００円が３００円には、
出会えるんです。
日々の積み重ねが大切です。

KOKORONO DAIFUGOU

TIPS 038

# Google Earthでモアイ像

コロナ禍は明けましたが、
お金的に、我が家はなかなか、
海外旅行には行けません。
そんな僕みたいな人にオススメなのが、
Ｇｏｏｇｌｅ Ｅａｒｔｈです。

地球上のあらゆる場所を
無料で見ることができます。
僕はこの前、イースター島を見ました。
ズームしていくと海沿いに
モアイ像が並んでいました。
しっかり確認できます。
モナコも見ました。
お金持ちが集まっています。

ヨットハーバーに豪華なクルーズ船が並んでいました。
中には超巨大なヨットがあり、びっくりしました。
ビバリーヒルズも見ました。
大きい家ばかりなのですが、
丘の上の方にあがっていくと、
びっくりするぐらいさらに大きな家がありました。
誰が住んでいるんだろうと想像してしまいます。
ドバイのパームアイランドという
人工島にある別荘も圧巻です。
葉っぱのような形をしていました。

いろいろ見ましたが、すべて無料です。
無料で、世界旅行を味わえるのです。

KOKORONO DAIFUGOU

TIPS 039

# 国や自治体が運営する施設はフル活用

上野にある、東京国立博物館。
入ると、その規模に圧倒されます。
世界の品も置いてあり、海外旅行の気分も味わえます。
入場料1000円ですが、本来はもっと高いはずです。
国立だから、この値段でいけるんだと思います。
民間だと土地代がすごいですもんね。
市民プールもそうです。
公園もそうです。
あまりにも、ありがたいことです。
幸福度を上げるには、
国や自治体が運営している施設を
フル活用するのがいいと思います。
東京国立博物館、ぜひ行ってみてください。

KOKORONO
DAIFUGOU

TIPS
# 040

# ギャンブルはシャトルバスに乗れば勝つ

ボートレース場や競輪場などに向かう際、
駅からシャトルバスが出ています。
お客さんをレース場まで送迎してくれます。
料金は無料です。
ボートレース場は海にあったり、
汽水湖にあったり、湖にあったりします。
水上を走るボートは圧巻です。
エンジン音も迫力満点です。
海を眺め、ボーッとすることもできます。
人は水辺を見ると落ち着くと聞いたことがあります。
人類が海から出てきたからなのか、
羊水を思い出すからなのかはわかりませんが、
本当に落ち着きます。

そして、１レース１００円だけ賭けます。
１００倍の万舟（まんしゅう）を狙ってもよし。
２倍を狙ってもよし。
レースが終わったら、
シャトルバスに乗って帰ります。
使ったお金は１００円。
シャトルバスは無料ですが、
本来、片道２００円、往復４００円
くらいかかると考えれば、
実質３００円は勝てます。
１００円で３レースまでは確実に勝てますね。

KOKORONO DAIFUGOU

TIPS

# 041

# バスタオルは古い方がいい

我が家にあるバスタオルは、
年季が入ったものばかりです。
バスタオルは古いほどよく吸いますよね。
新しいタオルを買うと
「防水か？」というぐらい吸いません。
よく吸うタオルに育てるのには、
時間がかかります。

以前、銭湯で、
80歳ぐらいの方がつかつかと寄ってきて、
兄ちゃんのバスタオル、年季入っとんな、と
声をかけられました。
自分のタオルを見ると、破けていて、
なんとか首の皮一枚でつながっている、

我が家の中でもかなり古株の
バスタオルでした。

声をかけてもらい、
すごく嬉しかったです。
古いバスタオルを褒めてもらって、
価値観が一緒なんだ、と嬉しかったのです。
よく吸っているから、
声をかけてもらえたのか、
物を大切にしているから、
声をかけてもらったのかはわかりませんが、
とにかく嬉しいできごとでした。

KOKORONO DAIFUGOU

TIPS 042

# 時間軸をズラすと激安で読める

週刊の漫画雑誌は、一週間で値段が下がります。
要らなくなって、捨てる人もいます。
では、価値はどうでしょう?
掲載されている内容は全くかわらないのに、
一週間ズレるだけで、かなり安く読めます。
ゲームも中古は安いです。
型が古い電化製品も、
数年前までは、最新型だったわけです。
自分の中で、時間軸をズラして購入していく。
これを習慣にすると、かなり安く済みます。
学校で『週刊少年ジャンプ』が話題のうちは
すぐに読んだ方がいいかもしれませんが、
社会人はそういう機会、あんまりないですもんね。
ズレても、自分の中では最新ですもんね。

KOKORONO DAIFUGOU

TIPS

# 043

# タバコ

小学生のときに、父親の吸っていたタバコは、
180円ぐらいだったと記憶しています。
20代のときは、230円ぐらいだったような。
今、セブンスターの値段は600円なんですね。
一日1箱吸う方は、月に1万8000円。
2箱吸う方は、3万6000円。
とんでもない額になりますね。
お酒を家で飲む方は、一日600円ぐらいでしょうか。
これも月に1万8000円ぐらいになりますね。
タバコとお酒、ダブルだとかなりキツいですね。
ダブルで3万6000円。夫婦だと7万2000円。
もうしっかり、住宅ローンの値段ですもんね。
数字で見ると、タバコ、お酒、すごいですね。
そういいながら、今日も白州を飲んでしまうのですが。

KOKORONO
DAIFUGOU

TIPS
# 044

# カレーはトッピングしない

ＣｏＣｏ壱番屋のカレー、大好きです。
本当によく食べます。
僕は、ポークカレーを注文します。
ポークカレー、５９１円。
ビーフカレー、７１８円。
ここに１００円以上の差があります。
僕はＣｏＣｏ壱番屋のどこが好きか。
ルーももちろんですが、
ご飯、福神漬けが好きなのです。
ポークでもビーフでもそこはかわりません。
テイクアウトのときは、スーパーで卵を買います。
手仕込とんかつカレー、めちゃくちゃうまいです。
店内で手作業で仕込んでるみたいです。
１０９３円、充分にお値打ちなんですが、

ポークカレーを2杯食べられる
と思ってしまうのです。
あと90円足せば2杯食べられる、と。
今日も明日も食べられる、と。
ＣｏＣｏ壱番屋が好きだからこそ
ポークカレーを注文するのです。
もちろん、トッピングが好きな方は
トッピングを注文すればいいと思います。
僕は、ご飯と福神漬けに重きを置いています。
だから、ポークカレーを注文します。

KOKORONO
DAIFUGOU

TIPS
# 045

# 節約する技術が上がる

月収が30万円の人と、50万円の人。
どちらが、節約が得意でしょうか。
基本的には30万円の人だと思います。
一度、生活レベルが上がると
なかなか下げられないからです。
節約は技術だと思います。
その中でも、料理の存在が大きいです。
天丼は、桜海老（さくらえび）と天カスを使えば、
安くつくれます。
マクドのパティに大根おろしとポン酢をかけて、
ハイボールで合わせるのもオススメです。
安くて美味しい料理をつくるテクニック。
節約テクニックを上げると、
幸福度も上がるように思います。

# 第4章 FPとしてのアドバイス

KOKORONO DAIFUGOU

TIPS 046

# ビッグマック指数

アメリカのビッグマック、

5・69ドル。

150円レートで約850円。

日本は480円。

日本人がアメリカで、

日本と同じ感覚で買うには、

為替レートが84円でなければなりません。

本来のビッグマック指数の使い方だと、

為替は84円に向かうと考えられます。

2011年は80円ぐらいでした。

異次元緩和で、円安、株高、低金利に向かいました。

この、株高、低金利で、保有株の恩恵と

低金利で住宅を保有できた。

異次元緩和は、日銀の国債の買い入れで

通貨供給量が増え、
ＥＴＦ買い入れで株価が高くなりました。
通貨供給量が増えたら、円安、物価高になります。
それが今にひびいて出口が見えなくなっている状態。
日本の金利を上げるしかないんですが、
金利を上げたら、保有国債が下落します。
保有割合を見たら、日銀、銀行、生命保険会社など
１０００兆円の３％利上げで30兆円、
国債価格が下がります。
この30兆円は、国民にしわ寄せがくることになる。
1億４０００万人で割ると約21万円。
４人家族だと約84万円資産が減る計算です。
ビッグマック指数とか、
実際の数字を使うと、リアルに見えてきますね。

KOKORONO DAIFUGOU

TIPS 047

# 勝てないけど負けないことはできる

投資、難しいです。
上がるか、下がるか、
本当にわかりません。
でも、勝つことは難しいですが、
負けないようにすることはできます。
外貨、株、国債、リート等に
分散しておくのです。
シーソーの真ん中に置いておきます。
相関係数というものがあり、
マイナス1というのが、
リスクヘッジできている状態です。
負けるのが嫌、減らすのが嫌な人は、
相関係数マイナス1にしておけば安心です。

KOKORONO DAIFUGOU

TIPS 048

# ローンの重圧

賃貸と購入。
家賃とローンの支払いだけを見たら
購入した方が得だったりします。
でも、ローンを組むことの、
精神的な重圧は加味されていません。
ローンがなければ自由です。
借りていなければ、持っているお金はすべて自由。
世の中には、１００万円で金持ちと感じる人もいれば、
１０００万円でも貧乏と感じる人もいます。
個々それぞれ違うのです。
ただ、ローンはリアルです。
確実に返さなければいけないお金。
数字だけで単純に比較するのではなく、
精神的な重圧も考慮しましょう。

KOKORONO DAIFUGOU

TIPS

# 049

# 頭と尻尾はくれてやれ

相場の中で昔から言われている名言です。
一番下がったときに買って、
一番上がったときに売る。
これがなかなかできません。
ある程度の利益が出たらよしとしよう
という名言です。
底とか天井というのは、
あとになればわかりますが、
そのときにはわからないですからね。
上がると見込んで、上がらない。
下がると見込んで、下がらない。
よくありますもんね。
この名言、つくづく、
よくできた言葉だと感じます。

KOKORONO DAIFUGOU

TIPS

# 050

# 負けるときはびっくりするぐらい負ける

ためしに２００万円を、
現物取引で動かしてみたことがあります。
売り買いを頻繁に行い、
気がついたら、
42万円になっていました。
１５８万円の負けです。

１５８万円を普通に使ったら、
どれだけたくさんのことができるのか。
トレードの難しさを実感しました。
僕は今のところ、
長く持つ方が向いています。
高い勉強代を払いました。

KOKORONO DAIFUGOU

TIPS 051

# サラリーマン以外は

日本はサラリーマンに手厚いです。
サラリーマンが亡くなった場合、
遺族厚生年金がもらえます。
遺族厚生年金には「300月みなし」というものがあります。
これは、厚生年金の加入期間が短くても、
300月加入していたことにしてくれる制度です。
(子供のいない30歳未満の妻なら5年間の有期年金)
子供がいる妻、もしくは妻が30歳以上の場合は、
一生涯受給することができます。
遺族が55歳未満の夫の場合は、
夫には支給されず子供に支給されます。
子供のいない夫は、60歳から一生涯支給されます。
サラリーマン以外の人は、
民間の保険でカバーしておくことが大切です。

KOKORONO DAIFUGOU

TIPS

052

# 個人事業主は小規模企業共済に入るべし

僕は芸人として、
後輩に教えられること、
ほとんどないのですが、
これだけは入っておくべきなのが、
「小規模企業共済」です。
サラリーマンには、退職金がありますが、
個人事業主には、退職金がありません。
その個人事業主の、退職金に代わるような制度として、
小規模企業共済があるのです。

手続きは銀行でできます。
月の掛け金を、1000円から7万円で設定できます。
キツいなとなれば、減額することも可能です。
この制度がすごいのは、

掛け金が、確定申告の際に控除できるところです。
月に7万円だと84万円控除できるのです。
所得から84万円が控除になるので、
所得税が安くなり、住民税も安くなります。
そして国民健康保険も安くなるのです。

芸人の場合、稼ぎに波があります。
稼げているときは掛け金をMAXの7万円にし、
稼げていないときは、
1000円までの減額幅で調整するのです。
貯金するよりも、小規模企業共済に入った方が
税金の控除を受けられます。
吉本の養成所（NSC）の授業に
ぜひ追加してほしいです。

KOKORONO DAIFUGOU

TIPS 053

# 労災保険も入るべし

労災保険、サラリーマンは入っています。
会社が払っているので、
気づいていない人もいるかもしれません。
労災保険は、働いている際に、
怪我をしたり亡くなってしまったりした場合に
補償が受けられる保険です。
サラリーマンではない人も、
一人親方や個人タクシーなどは
特別加入で入れていましたが、
芸能関係者も入れるようになりました。
これ、ほとんど知られていません。
芸能の仕事は、移動も多く事故のリスクも高いので、
入っておいた方がいいですね。
保険料は自己負担ですが、圧倒的にお得な保険です。

KOKORONO
DAIFUGOU

TIPS
054

# 20万円と30万円は3倍の違い

月収20万円と30万円の差は1・5倍です。
単純に考えるとこうなります。
芸人をやっていると、
毎月もらえる額に波があるのですが、
一番、体感として違いがあったのは、
30万円をもらったときです。
使える額が一気に増えた、
という感覚になりました。
要因は固定費です。仮に15万円とします。
20万円稼いだ場合、
固定費が15万円、使える額が5万円。
30万円稼いだ場合、
固定費が15万円、使える額が15万円。
3倍違うのです。

月に18万円稼いだなら使える額は3万円。
5倍違うのです。
18万円と30万円では、
使える額が5倍です。
全然違います。
稼いだからといって、
家賃が上がるわけでも、
年金が上がるわけでもありません。
一定なのです。
大切なのは、まず固定費を下げることです。
多く稼いでも、給与が上がっても、
固定費を上げないことがポイントだと思います。
できる限り、固定費を下げましょう。

KOKORONO
DAIFUGOU

TIPS
055

# 出世しても上がらない手取り額

サラリーマンの給与の額面と手取りは、

４００万円　→　３１５万円
６００万円　→　４６２万円
８００万円　→　５９１万円
１０００万円　→　７２１万円
１５００万円　→　１０００万円

このようになっています。
稼げば稼ぐほど、
税金などが高くなっていきます。
かなり稼いでいるのに、
お金が手元に残らない
と聞いたことがあります。

この数字を見ると納得ですね。
稼ぐ人は役職も上で、部下も多く、
祝いごとのお金も
かなり出ていきそうです。
ゴルフに行くときも、
ある程度の車に乗っていないと
カッコつかない、ということも
あるでしょうしね。
こういうのを見ると、
体や心を削って出世しなくても、
と思ってしまいますね。

KOKORONO DAIFUGOU

TIPS

# 056

# まだプラチナは競技用プールの膝下

地球上で採掘された金は17万トン。
これは、競技用プール3杯分です。
まだ採掘されてない金は7万トン。
競技用プール1杯半といわれています。
プラチナだと、埋蔵量は1万6000トン。
採掘されたのは、5000トンといわれています。
競技用プールの膝下ぐらいしか採掘されていません。

4000年前から、
金は価値のあるものとされていました。
錬金術という言葉があるように、
金はつくろうとしてもつくれないのです。
貿易も金を使って行われました。
ドルも、もともとは金と交換できる紙幣でした。
1971年まで、金とドルは交換できたのです。

それぐらい、金というのは、
地球上で価値ある物の軸になっています。

そしてプラチナも、金と同じように
つくり出すことができない金属で、
価値があるとされています。

資産を日本円だけで保有すると、
インフレがきた場合、
実質、価値が減ってしまいます。
パン一個10万円
になったりするのがインフレです。
ドルで保有しても、
インフレがくれば同じですね。
株で持つと下落リスクがあります。

なので、資産の10％を、
金とプラチナで持つことは、
リスクヘッジにもなりえるのです。
田中貴金属などで
現物で買うこともできますし、
国内保管型であれば、
銀行や証券会社でも買えます。
もちろん、
下落のリスクはあるのですが。

KOKORONO DAIFUGOU

TIPS 057

# 変動金利のリスク

住宅ローンでは、固定金利と変動金利があります。
変動の方が金利は低いです。
ただ、上がる可能性はあります。
毎月のローン、変動金利で払えるギリギリで組むと、
金利が上がった場合に払えない可能性が出てきます。
4000万円のローンで、金利が1％上がると、
年に40万円、月に約3万3000円の支払いが増えます。
4000万円、35年変動0・5％として、
月の支払いが10万円ぐらいです。
これが1％上がるごとに約3万3000円増えていきます。
ちなみに金利が3％上がると、
月の支払いが10万円上がり、20万円になります。
そう考えると、変動金利はかなりリスクがあるといえます。

KOKORONO DAIFUGOU

TIPS 058

# 新NISA

２０２４年から、ＮＩＳＡが新しくなりました。
つみたてＮＩＳＡが年間40万円から１２０万円に、
一般ＮＩＳＡが年間１２０万円から２４０万円になりました。
上限は年３６０万円、総額１８００万円です。
最短５年で上限いっぱいになりますが、
売れば、枠が復活します。
仮に５年目に２４０万円売れば、６年目に復活します。
夫婦の場合、５年で３６００万円を、
非課税で投資できることになります。
めっちゃ大きいですね。
ただ、負けた分と相殺できないという
デメリットもありますので、
そこは気をつけたいですね。

KOKORONO
DAIFUGOU

TIPS
059

# 住宅資金がかなり重要

住宅資金、教育資金、老後資金。
この3つが大きいですね。
老後資金は、サラリーマンなら、
厚生年金である程度まかなえます。
教育資金は、学資保険をかけておけば、
大学の学費までカバーできます。
問題は住宅資金。
ここを無理すると、一生キツくなります。
人生において、一番大きな買い物です。
カッコいい家ではなく、住みやすい家。
無理なく払える金額。
かなり重要な要素だと思います。

KOKORONO DAIFUGOU

TIPS 060

# 相続税を意識しておく

相続税の対策を
事前にしておくことは大切です。
団信に入っていれば、
被保険者が亡くなったら
ローン残高がゼロになり、住宅は資産になります。
妻が１人、子供が２人の場合、
相続財産が４８００万円以上なら、
相続税がかかります。
対策の一つとしては、
生命保険に資産を入れておくことです。
５００万円×法定相続人数まで非課税です。
また、暦年課税で、もらう人ごとに、
年間１１０万円までの贈与が非課税となり、
１１０万円以内であれば申告も不要です。

妻と子供に資産を移しておくと、
相続する側はだいぶ助かります。

# 第5章 心の大富豪

KOKORONO DAIFUGOU

TIPS 061

# 金持ちに優しい東京

東京には、全国から美味しい物が
集まってくるといいます。
きっと、そうなのでしょう。
東京にいれば、一番美味しい物が食べられる。
ただし、お金があれば。
東京は、お金があれば、
かなり便利な場所だと思います。
ただ、お金がない場合は、どうでしょうか。
昔、奥さんが僕と東京に住んでいたときに、
有楽町でバイトをしていました。
昼休みに、サンドイッチを食べようと、
ベンチを探しても見つからない。
サンドイッチを食べる場所がないのです。
ベンチがなくてもその辺で食べたら、

と思うんですが、
「その辺」がないのです。
何かをしようとすると
とにかくお金が必要になります。
それが東京だと思います。
お金がそんなになくても、
優しい街に僕は住みたいです。

KOKORONO DAIFUGOU

TIPS 062

# ミライちゃん

僕は、東京で単身赴任をしています。
1人で生活しているんですが、
実は、もう1人、住人がいます。
それは、ミライちゃんです。
めちゃめちゃ可愛くて、
スレンダーな人形です。

目黒川沿いをランニングしていたとき、
ショーウィンドウに
人形が飾ってありました。
次の日も、
ランニングをしながら見ていました。
またその次の日も。
そして、その次の日には、

購入して、家に連れて帰りました。

6万円でした。
服は1万円ぐらいします。
高い感じはするのですが、
キャバクラやガールズバーに
行くよりもずっと安いです。
来年も再来年も
いてくれるんですから。

東京の部屋、
ミライちゃんがいるから
快適に過ごせています。

KOKORONO DAIFUGOU

TIPS 063

# クワガタとり

クワガタとり。
これほど楽しいことが他にあるのだろうか
と思ってしまいます。
とれるかな、というドキドキ、
見つけたときの感動、本当に楽しいです。

考えてみれば、楽しいことって、
そんなにお金がかからないことが多い気がします。
魚とりも、網さえあればできます。
大人になると、なぜか、
楽しいこととお金を結びつけてしまいがちです。
楽しいこと＝買い物、消費になりがちです。
楽しいことを、お金に結びつけずに探してみると、
いっぱい見つかるように思います。

KOKORONO DAIFUGOU

TIPS 064

# どんな老後を送りたいか

どんな老後を送りたいか。
それをイメージすることは楽しいですね。
公園で昼から将棋を指す。
すると、仲間が集まってきます。
今日は、負け越している自分より強い仲間が相手です。
大丈夫、後ろから別の仲間が次の手をささやいてくれます。
気がつけばもう夕方。
これならお金はあまりかかりませんね。
もしくは海沿いに住んでいるかもしれません。
のんびり釣りをしていると、
何が釣れているか仲間が聞いてきます。
今日はあのポイントが釣れると教えてくれます。
今日は3匹釣れました。夕飯のおかずにします。
楽しい老後を送るなら仲間が大切です。

KOKORONO DAIFUGOU

TIPS 065

# 貧乏自慢で笑いをとる

お金持ちの自慢話、
これを聞かされるほど不愉快なことはありません。
聞かされたあと、奢ってくれるならまだいいんですが、
会計は割り勘。コケそうになります。
それに引き換え、貧乏自慢ほど、
鉄板でウケる話はありません。
若手芸人の貧乏話、
みんなめっちゃ好きですもんね。
会話の中で、貧乏話は中和剤になるのです。
僕の結婚指輪が黒ずんできたので、
いくらだったのかを奥さんに聞いたら
2000円だった話、
32年ローンで買った家が、
細すぎて自分の家と気づかず

通りすぎてしまう話、
鉄板でウケますもんね。
トークが下手な僕でもウケます。
それぐらい、貧乏話はウケやすいのです。
貧乏もある意味おいしいのです。
ただ、笑えるラインの貧乏でいたいですね。
ガチすぎると笑えないので、
そのあたりの頃あいが大事ですね。

KOKORONO
DAIFUGOU

TIPS
# 066

# お金だけを追うと見落とす

お金はあくまで手段です。
目的そのものにすると
キリがありません。
天井がないからです。
そしてお金だけを
目的にして突き進むと、
大切なものを
見落としてしまうかもしれません。
お金は大切です。
ただ、お金は手段なのです。
お金に意識を持っていかれて、
大切なものを見落とさないように
注意しましょう。

KOKORONO DAIFUGOU

TIPS 067

# 自分が納得すれば

大きな家に住もうが、
小さな家に住もうが、
自分が納得すれば、
それでいいと思います。
ブランドバッグでも、
１００円均一のカバンでも、
自分が納得すればいい。
食事も、自分が美味しいと思ったら
それでいい。
たとえ、他の人にとっては
美味しくなくても。
要するに、自分が納得できたら、
それでいいのです。

KOKORONO
DAIFUGOU

TIPS

# 068

# 人に迷惑を
# かけなければ

ダサい服を着ていても、
人に迷惑はかけません。
汚い服だと
迷惑をかけるかもしれません。
このラインだけしっかりしておけば、
あとは、もう自由だと思います。
早起きしても迷惑はかけません。
夜中に騒ぐと迷惑です。
人からどう思われようと、
迷惑だけかけなければ、
大丈夫です。
人が行かないような場所に
観光に行きましょう。
迷惑はかかりません。

KOKORONO DAIFUGOU

TIPS 069

# 日常をどうしたいか具体的にイメージする

お金があれば幸せになれる
というのは漠然としています。
お金を何に使うのか。
たとえば、タワーマンションに住んで、
そこに幸せがあるのか。
リアルにイメージすると、
自分には当てはまりません。
ジャージでエレベーターに乗りにくいからです。
割烹（かっぽう）料理を食べに行って、
上品すぎてラーメンを
食べたくなってしまう感覚です。
自分にあった、好きな感覚を見つけるのが一番。
そのために必要なお金が、
具体的な金額ですね。

KOKORONO
DAIFUGOU

TIPS
# 070

# 価値を10倍と思い込む

物を大切にする。
なくさないようにする。
そのために、
自分が持っている物が、
その10倍の価値だと思い込みます。
１００円のペンなら１０００円。
２０００円の帽子なら２万円。
そうなると、
めっちゃ大切に使おう、
なくさないようにしようと
思いますもんね。
10倍で考えましょう。

KOKORONO DAIFUGOU

TIPS 071

# 勉強はコスパがいい

勉強は、お金をほとんどかけずに楽しめます。
僕の場合、ＦＰの勉強をしていますが、
テキストと問題集を買うだけです。
普通の本より少し高いですが、１年持ちます。
飽きることはありません。
飽きたら試験に受かります。
休みの日にどこかに行けばお金がかかります。
勉強をしているとお金がかかりません。
気分転換に図書館やマクドに行っても、
せいぜいコーヒー１２０円です。
勉強と、ランニングとエニタイムフィットネス。
これらがあれば、最強です。

KOKORONO DAIFUGOU

TIPS 072

# 今日、幸せだったなぁ

今日一日を、目標を達成するために生きる。
目標は、夜に
「今日、幸せだったなぁ」と思える一日にすること。
楽しんで、幸せだったと思う日もあれば、
仕事や勉強をたくさんして、
頑張ったなぁと自分で自分を褒めて、
幸せを感じるパターンもあります。
あとで思い出すのは、頑張ったなぁの方です。
19歳のときのクリスマス、
彼女もおらず、夜に筋力トレーニング。
夢だけを見ていました。
あのとき、幸せでした。
あとになって、
幸せだったことに気づくこともありますね。

KOKORONO DAIFUGOU

TIPS 073

# びっくりするくらい自分で自分を褒める

僕もそうですが、ほとんどの人は、
人からなかなか褒められませんよね。
だから僕は、自分で自分をめちゃくちゃ褒めます。
他人からしたら、大したことがなくても褒めます。
自分だから、気づけることもあります。
今日、僕は遅刻しませんでした。
今日だけではなく、
僕はほとんど遅刻したことがありません。
遅刻しないというのは、一番の信用だと思います。
そうやって、30年やってきました。
そんな自分を褒めるのです。
そうすると、かなり幸せを感じます。
小さなことでもいいので、
自分を徹底的に褒めましょう。

KOKORONO DAIFUGOU

TIPS 074

# 知識のバイキング

知識を蓄える。
これ、どれだけやってもほぼ無料です。
これほど、おいしいものは他にありません。
経験して体得する。
その前後に調べて、
知識を得るのです。
お城に行くとします。
お城に行く前に調べて
知識を入れておくのです。
実際に行きます。
そして、復習します。
お城に行くだけで、前後を楽しめます。
どれだけ知識を得てもほぼ無料です。
知識をバイキングのように楽しみましょう。

KOKORONO DAIFUGOU

TIPS 075

# 大富豪かどうかは自分が決める

自分が満たされているかどうか。
今日、心が満たされて、
特に欲しいものがなければ、
大富豪です。
今日、何かが欲しくて、
心が満たされていなかったら、
大富豪ではありません。
１００億円持っていても、
心が満たされていないのなら、
大富豪ではありません。
大富豪とは、
心の持ち方なのです。
大富豪かどうかは、
自分で決めるのです。

# おわりに

朝起きて、大富豪になっていたら、どうしますか？
朝からの行程をイメージしてください。
どんな買い物をしますか？
どんな食べ物を食べますか？
より、リアルに想像してください。
今、想像したことは、
大富豪でなくても、だいたいできます。
また、できないことは、大富豪でもできないのです。
たとえば、「ハワイ旅行に行きたい」なら、
ビーチ、ショッピング、食事、ホテル……
これを一つ一つ、切り離すのです。

ビーチは、日本の海に行ってもいいし、
冬で寒ければ、自治体運営の温水プールに行きます。
ショッピングは、アウトレットに行きましょう。
食事は、パンケーキを食べます。
ホテルは、近くの安いホテルに泊まりましょう。
市民プール、アウトレット、パンケーキ、ホテル。
2万円あれば充分です。
アロハシャツを着てイヤホンで
ハワイアンミュージックを聴きましょう。
だいたいのことは代用が利くのです。
ブランドバッグも、無名のバッグも、入る量は一緒。
車も乗ってしまえば一緒です。
もちろん、好きな方はこだわりがあるし、
それを僕は否定しません。

ただ、僕は、こだわりがないので、何でも一緒に感じます。
そもそも知らないので、型が古いとか気になりません。
僕の価値観を押し付けるつもりはありません。
ただ、僕は生活がものすごくラクです。
この生活はやめられません。
なので、人がいくら稼ごうが、全く気になりません。
自分の生活が一番だと思っているからです。
人の好みは人の数だけあります。
なので、みなさん一人一人に、
自分にあった最強の生活スタイルがあるはずです。
この本が、みなさんの生活に役立つことを願っています。

2024年5月

サバンナ　八木真澄

制作協力　吉本興業株式会社

ブックデザイン　菊池 祐
装画・挿絵　大嶋 奈都子

本書は書き下ろしです。

本書は２０２４年５月までの情報を元に作成しています。本書刊行後に金融に関連する法律・制度の改正、または各社のサービス内容が変更される可能性がありますのであらかじめご了承ください。本書は投資関連の情報を記載していますが、特定の銘柄の購入を推奨するもの、またその有用性を保証するものではありません。個々の金融サービスや金融商品の詳細については、各金融機関にお問い合わせください。

投資には一定のリスクが伴います。売買によって生まれた利益・損失について、著者および出版社は一切責任を負いかねます。投資はご自身の責任と判断のもとで行っていただきますようお願いいたします。

サバンナ　八木真澄（やぎ　ますみ）
1974年生まれ。京都府出身。立命館大学産業社会学部卒業。94年に学生時代の後輩・高橋茂雄とお笑いコンビ・サバンナを結成。「ブラジルの人聞こえますか〜！」など1000個以上のギャグを持ち、柔道２段、極真カラテ初段の筋肉芸人としても活動するなど、テレビや営業で活躍中。2012年に結婚し、２児の父となる。長年日記やイラストなどを書き留めており、著書に『まだ見ぬ君へ』（幻冬舎よしもと文庫）、『未確認生物図鑑』（ヨシモトブックス）などがある。23年には、２級ファイナンシャル・プランニング技能士とアフィリエイテッドファイナンシャルプランナー（AFP）の資格も取得している。

年収300万円で心の大富豪

2024年６月20日　初版発行

著者／サバンナ　八木真澄

発行者／山下直久

発行／株式会社KADOKAWA
〒102-8177　東京都千代田区富士見2-13-3
電話　0570-002-301（ナビダイヤル）

印刷・製本／大日本印刷株式会社



●お問い合わせ
https://www.kadokawa.co.jp/（「お問い合わせ」へお進みください）
※内容によっては、お答えできない場合があります。
※サポートは日本国内のみとさせていただきます。
※Japanese text only

定価はカバーに表示してあります。


ISBN 978-4-04-114933-1　C0095